POMMES FRITES

Vielen Dank Katja, unserer Saucen-Queen, ohne Dich wären die Pommes nur gesalzen.

IMPRESSUM

HEEL Verlag GmbH
Gut Pottscheidt
53639 Königswinter
Tel.: 02223 9230-0
Fax: 02223 9230-13
E-Mail: info@heel-verlag.de
www.heel-verlag.de

Die Autorinnen danken der
Firma Ritzenhoff & Breker für
die freundliche Unterstützung.

Ritzenhoff & Breker
seit 1810

Satz und Gestaltung: Muser Medien GmbH, Mannheim,
Christine Mertens
Fotos: Thomas Schultze
Projektleitung: Christine Birnbaum, Ulrike Reihn-Hamburger

Dieses Kochbuch wurde nach bestem Wissen und Gewissen
verfasst. Weder der Verlag noch die Autoren tragen die Ver-
antwortung für ungewollte Reaktionen oder Beeinträchtigungen,
die aus der Verarbeitung der Zutaten entstehen.

ISBN 978-3-86852-682-0

CHRISTINE HAGER · ULRIKE REIHN

POMMES FRITES

Internationale Rezepte

Dips & Tricks

HEEL

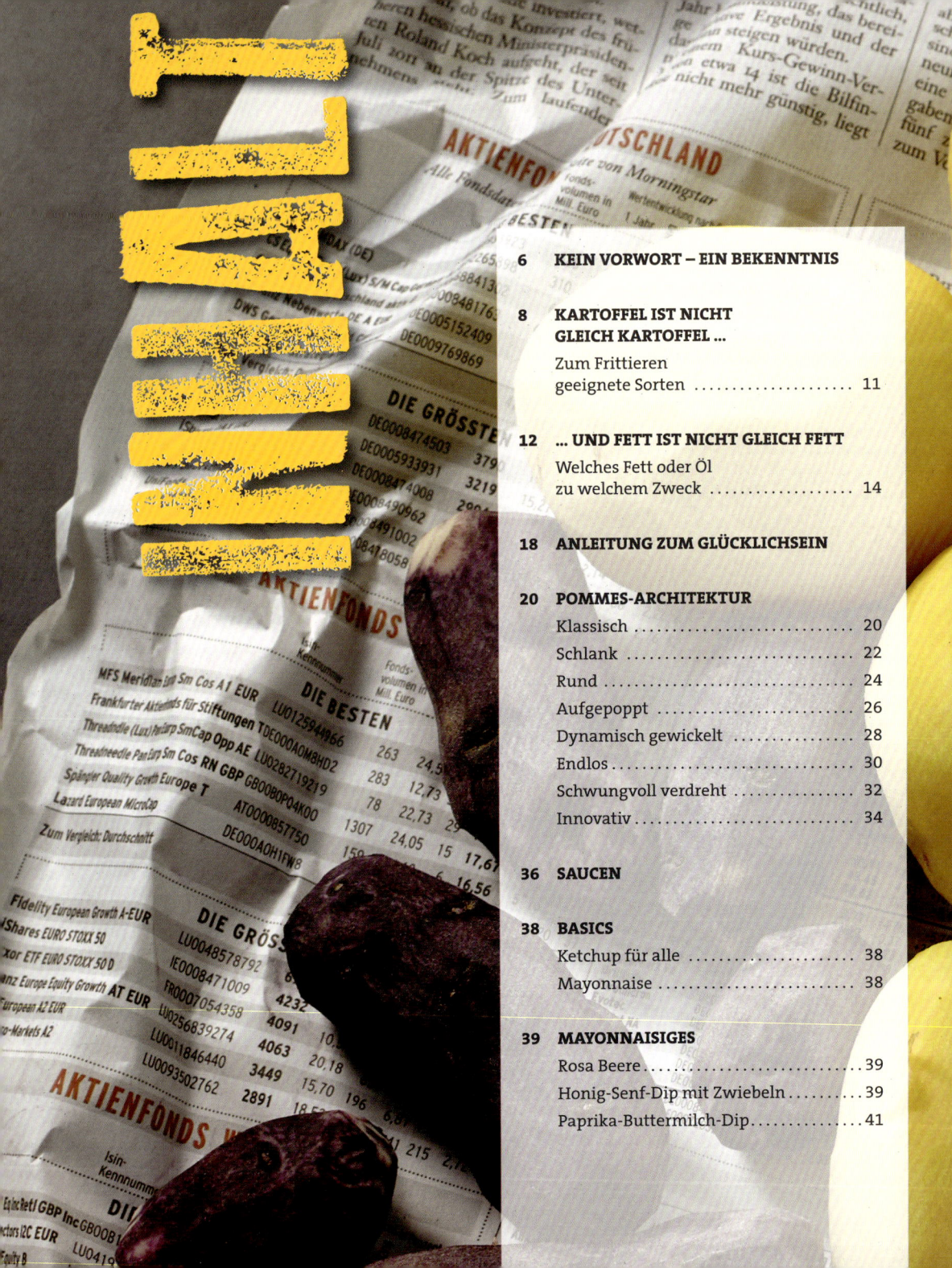

INHALT

Für Moritz, Paul, Frank und Carolin,

die coolsten Pommesvernichter

KEIN VORWORT – EIN BEKENNTNIS

Eigentlich sollten wir dankbar sein. Nichts anderes. Dankbar für eine der wunderbarsten Entdeckungen der Menschheit. Und dennoch, ein bisschen Neid ist schon dabei, wenn wir zu unseren westlichen Nachbarn hinüberschauen. Nicht wegen der notorischen Langmut, mit der die Belgier die Schlaglöcher auf ihren Autobahnen ertragen. Nein, sie haben die Pommes erfunden, und es geschafft, dass die zweimal frittierten Kartoffelstäbchen quasi zum Synonym für Belgien geworden sind. So untrennbar verbunden mit der Nation wie die Nürnberger Bratwürste mit der fränkischen Großstadt, der Saumagen mit der Pfalz und der Schweinebraten mit Bayern. Allerdings haben es die wenigsten deutschen kulinarischen Manifeste geschafft, sich so tief und innig im Herzen und Gaumen zu verankern – und dies auch noch weltweit.

Kein Wunder also, dass die frittierten Stärkelieferanten in Belgien den Rang eines Nationalheiligtums erlangt haben und in ihrem Stellenwert deshalb eigentlich nur vergleichbar sind mit den englischen Kronjuwelen, dem Brandenburger Tor und der Freiheitsstatue. Allesamt allerdings sensorische Totalausfälle.

Hierzulande ist es leider nur bei Kindern politisch und damit auch kulinarisch korrekt, ein Bekenntnis für Pommes frites als Lieblingsgericht abzulegen – und dies auch nur, wenn durch die Mitgliedschaft in einem Sportverein quasi justiziabel nachzuweisen ist, dass die Gefahr einer zeitnahen Adipositas-Erkrankung nicht zu erwarten ist. Ist man den Kinderschuhen entwachsen und outet sich als Pommes-frites-Fan, muss man nicht lange warten, bis wahre Geröllmassen von guten Ratschlägen zur gesunden Ernährung bis hin zu möglichen Krankheitsszenarien losgetreten werden und drohen, den Pommes-Genuss stets mit einem schlechten Gewissen zu verbinden. Frustessen mit Ansage.

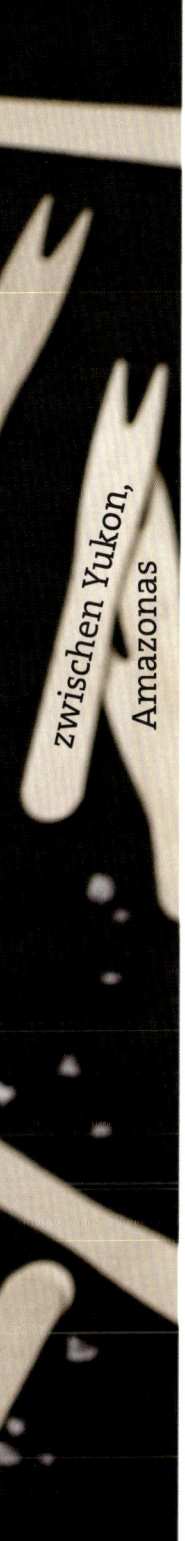

Und dabei ist sie so lecker, diese belgische Erfindung, die zu ihrer Adelung, gerade erst dem heißen Frittierfett entronnen, dann nochmal ordentlich eingetaucht wird in genauso leckere Saucen, die nicht im Verdacht stehen, bei Low-Fat-Rankings Medaillen einzuheimsen.

Auch hier kann man getrost ein bisschen neidisch sein auf die Nachbarn. Gerade, was das Ansehen der Fritten angeht. Haben sie in Deutschland die Tendenz, eher in die Schublade des proletarischen Sattmachers verbannt zu werden, kann man in Belgien einen wahren Hochgenuss erleben, der in der gehobenen Gastronomie hierzulande kaum denkbar ist und schon beim Versuch der Bestellung einen wahren Affront auslösen dürfte: Sanft geschmorte Schweinebäckchen mit einer kräftigen Rotweinsauce und als Beilage – ja, genau, da waren sie wieder, die Pommes. Grandios. Fantastisch. Unbeschreiblich. Und allein die Vorstellung, dass zu eben jenen Schweinebäckchen in sterneverdächtigen deutschen Restaurants ein Kartoffelschäumchen gereicht würde, lässt uns sämtliche Bandscheibenprobleme vergessen und immer entlang der Schlaglöcher nach Belgien fahren – dem liberalsten Pommes-frites-Genuss der Welt entgegen.

Womit wir dann auch endlich da angekommen sind, wozu die nächsten Seiten dienen sollen: Für die kurzen Wochenenden, an denen die Reise ins Nachbarland zu lang ist, haben wir nämlich jede Menge Rezepte rund um die Kartoffelstäbchen kreiert und verfeinert und wenn hier und da die Experimentierfreude mit uns durchgegangen ist, dann haben wir – ganz ehrlich – auch nur diejenigen Rezepte in unsere kleine Sammlung aufgenommen, die uns auch noch in weniger enthusiastischen Phasen begeistert haben. Und das alles ohne Kalorientabelle und ohne Cholesterinwarnlampen. Einfach nur zum Schlemmen.

MARABEL

GALA

CHEYENNE

VITELOTTE

KARTOFFEL
IST NICHT GLEICH
KARTOFFEL …

AGRIA

Weltweit werden jährlich etwa 300 Millionen Tonnen Kartoffeln geerntet, allein in Deutschland sind über 150 Sorten im Handel. Damit ist die Kartoffel weit mehr als eine günstige Sättigungsbeilage, sie bildet eine wichtige Basis unserer täglichen Ernährung. Aber gibt es wirklich *die* Kartoffel? Die weltweit über 4000 bekannten Sorten zeigen bei aller Ähnlichkeit doch eine große Vielfalt in Aussehen, Eigenschaften und Geschmack. Und – ausgehend von einer Handvoll Ursorten – erforschen Genetiker bis heute robustere, ertragreichere und delikatere Sorten.

Speisekartoffeln können nach den verschiedensten Eigenschaften klassifiziert werden: nach der Farbe ihrer Schalen, der Farbe ihres Fleisches, der Knollenform, dem Stärkegehalt oder auch der Schalenbeschaffenheit.

Allgemein durchgesetzt hat sich jedoch eine Typisierung nach den Kocheigenschaften. In der EU werden dabei drei Typen unterschieden, die mit den Buchstaben A bis C bezeichnet werden:

Festkochende Speisekartoffeln

(Typ A und A-B, Farbkennzeichnung: grün):
Diese Kartoffeln, wie zum Beispiel die Sorten *Adelina, Cilena, Hansa, Nicola, Princess, Renate, Selma* oder *Sieglinde*, verfügen über ein festes, feinkörniges Fleisch mit einer feuchten Konsistenz. Ihre Form variiert von länglich bis oval, ihr Aroma ist mild bis kräftig. Diese schnittfesten Sorten springen beim Kochen nicht auf und eignen sich daher hervorragend für Salat, Bratkartoffeln oder Gratins.

Vorwiegend festkochende Speisekartoffeln

(Typ B-A und B, Farbkennzeichnung: rot):
Sorten wie *Agria, Bamberger Hörnchen, Berber, Gala, Granola, Laura, Marabel, Quarta, Rita* oder *Solara* zeichnen sich durch ein mäßig feuchtes und feinkörniges Fleisch mit mildem bis kräftigem Geschmack aus. Ihre Form kann stark variieren. Beim Kochen springen sie nur geringfügig auf, sodass sie sich besonders für Salz- und Pellkartoffeln, Bratkartoffeln und Suppen eignen.

Mehligkochende Speisekartoffeln

(Typ B-C und C, Farbkennzeichnung: blau):
Die Gemeinsamkeiten dieser grobkörnigen Sorten sind ihre trockene Konsistenz und ihr angenehm kräftiger Geschmack. Die Form der Sorten *Adretta, Afra, Bintje, Blauer Schwede, Karlena, Lakaria, Pirol* oder *Schwarzblaue aus dem Frankenwald* kann jedoch stark variieren. Das beim Kochen locker mehlige Fleisch eignet sich besonders für Püree oder Eintöpfe.

Die Kocheigenschaften sind abhängig vom Stärke- und Gerüstsubstanzgehalt. Generell gilt: Je mehr Stärke eine Kartoffel enthält, desto mehliger wird sie beim Kochen. Ideal für Pommes frites eignen sich Kartoffelsorten mit einem hohen Stärkegehalt von etwa 14–18 Prozent und einem geringen Zuckergehalt von maximal 0,3 Prozent. Der hohe Stärkegehalt sorgt dabei für eine große Ausbeute an knusprigen Pommes mit guter Textur und bestem Geschmack. Ist der Zuckergehalt jedoch zu hoch, werden die Pommes beim Frittieren braun und bitter.

Erntefrische Sorten sind in den Monaten Juni bis Oktober im Handel, Lagerware von November bis Mai. Aufgrund ihres hohen Wassergehaltes sind erntefrische Kartoffeln jedoch erst nach einer längeren Lagerzeit zum Frittieren geeignet. Um eine Keimung der Knollen zu verhindern, empfiehlt es sich, Kartoffeln stets an dunklen und kühlen Orten zu lagern.

AGRIA

Schale: gelb, rauh
Fleischfarbe: gelb
Form: kleine Knollen, rundoval
Kochtypus: vorwiegend festkochend bis mehlig
Reifegruppe: mittelfrüh bis spät

MARABEL

Schale: gelb, fein
Fleischfarbe: gelb
Form: mittelgroße Knollen, rundoval
Kochtypus: vorwiegend festkochend
Reifegruppe: früh

GALA

Schale: gelb, fein
Fleischfarbe: gelb
Form: mittelgroße bis große Knollen, rund
Kochtypus: vorwiegend festkochend
Reifegruppe: früh

BINTJE

Schale: gelb, rauh
Fleischfarbe: gelb
Form: mittelgroße Knollen, rundoval
Kochtypus: vorwiegend festkochend bis mehlig
Reifegruppe: mittelfrüh

Doch sind Kartoffeln – außen wie innen – nicht immer gelb. Als „Exoten" zeigen wir hier eine rote und eine blaue Sorte, wie sie unterschiedlicher kaum sein könnten:

CHEYENNE

Schale: rot, fein
Fleischfarbe: gelb
Form: mittelgroße Knollen, langoval
Kochtypus: festkochend
Reifegruppe: mittelfrüh

VITELOTTE

edle Ur-Kartoffel

Schale: blau, fein
Fleischfarbe: blau
Form: kleine Knollen, langoval, tiefaugig
Kochtypus: festkochend
Reifegruppe: spät

SONNEN-
BLUMENÖL

OLIVENÖL

RAPSÖL

TRAUBEN-
KERNÖL

AVOCADOÖL

ERDNUSSÖL

... UND FETT IST NICHT GLEICH FETT

Speisefetten und -ölen kommt in unserer Ernährung eine bedeutende Aufgabe zu. Als wichtigste Energielieferanten von durchschnittlich 38,9 Kilojoule (9 kcal) pro Gramm sind sie Träger fettlöslicher Vitamine, essentieller Fettsäuren sowie von Geschmacks- und Aromastoffen. Sie fungieren als Schutz- und Vorratsstoff und verbessern das Mundgefühl.

Damit sie in der Küche einzusetzen sind, müssen Fette und Öle einige Qualitätskriterien erfüllen. Dazu zählen eine Hitze-, Geruchs- und Geschmacksstabilität, eine gleichbleibende Qualität sowie eine lange Lebensdauer. Auch nach längerem Gebrauch darf keine Rauchbildung entstehen und das Öl oder Fett muss beständig sein gegen einen oxidativen Abbau, sprich: Es darf nicht ranzig werden. Falsche Anwendung, wie zu starkes Erhitzen, oder Verschmutzungen führen hingegen zu einem unangenehmen Geschmack oder Geruch, zu farblichen Beeinträchtigungen, zu Rauchentwicklung, Verbrennen oder einer verkürzten Haltbarkeit.

Rauchpunkte

Die Temperatur, bei der ein Öl oder Fett zu rauchen beginnt, wird „Rauchpunkt" genannt. Der jeweilige Anteil an sehr kurzkettigen Fettsäuren, z. B. Buttersäure in Butter, oder freie Fettsäuren in reinen Fetten und Ölen, führen zu niedrigen Rauchpunkten. In der Regel beginnen native Öle bereits bei niedrigeren Temperaturen zu rauchen als Raffinate.

Das mehrmalige Erhitzen, z. B. beim Frittieren, führt zu einem höheren Gehalt an freien Fettsäuren. Dies erklärt, warum mehrmals erhitzte Öle und Fette bereits bei niedrigeren Temperaturen zu rauchen beginnen.

Raffiniertes Erdnussöl	230 °C
Raffiniertes Rapsöl	220 °C
Palmkernfett	220 °C
Sojaöl	213 °C
Raffiniertes Sonnenblumenöl	210–225 °C
Butterschmalz	200–205 °C
Raffinierte Öle	über 200 °C
Kokosfett	185–205 °C
Sesamöl	177 °C
Butter	ca. 175 °C
Distelöl	150 °C
Kaltgepresstes Rapsöl	130–190 °C
Kaltgepresstes Olivenöl	130–175 °C
Schweineschmalz	120–218 °C
Kaltgepresstes Sonnenblumenöl	107 °C

Schmelzpunkte

Der sogenannte Schmelzpunkt ist jeweils die Temperatur, bei der das Öl oder Fett vom festen in den flüssigen Zustand übergeht.

Rindertalg	40–50 °C
Palmkernfett	25–30 °C
Palmöl	30–37 °C
Schweineschmalz	28–40 °C
Butter	28–38 °C
Kokosfett	18–23 °C
Pflanzenöl	-10–1 °C

WELCHES FETT ODER ÖL ZU WELCHEM ZWECK?

BUTTER

enthält Wasser, Eiweiß und Salz
- schäumt und spritzt bei hohen Temperaturen
- hat einen niedrigen Rauchpunkt
- verbrennt bei höheren Temperaturen
- hat einen hohen Gehalt an Fettsäuren

Butter eignet sich daher besonders zum Backen oder zum Braten bei niedrigen Temperaturen.

BUTTERSCHMALZ

nahezu reines Fett
- spritzt nicht
- hat einen hohen Rauchpunkt
- ist hoch erhitzbar
- hat einen hohen Gehalt an gesättigten Fettsäuren

Butterschmalz eignet sich daher gut zum Braten, Frittieren oder Backen.

SCHWEINESCHMALZ/ RINDERTALG

reines Fett
- nahezu wasser- und eiweißfrei
- ist hoch erhitzbar
- hat einen hohen Rauchpunkt
- hat einen hohen Gehalt an gesättigten Fettsäuren

Schweineschmalz oder Rindertalg ist daher gut geeignet zum Kurzbraten oder Frittieren.

PFLANZENFETTE

Fette mit natürlicher Festigkeit:
Kokos- oder Palmkernfett
Gehärtete Fette: Erdnussfett
- reine Fette
- sind fest
- spritzen nicht bei hohen Temperaturen
- haben einen hohen Gehalt an gesättigten Fettsäuren
- sind hoch erhitzbar
- haben einen hohen Schmelzpunkt
- haben einen hohen Rauchpunkt
- sind geschmacksneutral
- sind lange haltbar

Pflanzenfette eignen sich daher gut zum Frittieren oder als Back- oder Bratfett.

PFLANZENÖLE

(Palmöl, Erdnussöl, Sojaöl, Olivenöl. Sesamöl, Leinöl, Sonnenblumenöl, Rapsöl)
- sind flüssig
- sind wasserfrei
- haben einen hohen Gehalt an einfachen und mehrfach ungesättigten Fettsäuren

FETT   ÖL

Kaltgepresste Pflanzenöle zeichnen sich durch ihren typischen, arteigenen Geschmack und Geruch sowie eine typische Farbe aus. Der Rauchpunkt liegt jedoch teilweise niedrig.

Raffinierte Pflanzenöle sind geschmacks- und geruchsneutral und farblos. Ihr Rauchpunkt liegt in der Regel bei über 200 °C.

Pflanzenöle sind daher nur dann als Frittierfett einsetzbar, wenn der Gehalt an mehrfach ungesättigten Fettsäuren nicht zu hoch liegt. Der Einsatz z. B. von Leinöl oder Distelöl ist daher nicht sinnvoll. Kaltgepresste Öle eignen sich prinzipiell ebenso gut zum Frittieren wie raffinierte Öle. Der Einsatz kaltgepresster Öle verleiht dem Frittiergut einen arteigenen Geschmack.

Ernährungsphysiologisch gesehen sind Pflanzenöle am besten als Frittierfett geeignet, da sie weniger gesättigte und mehr mehrfach ungesättigte Fettsäuren enthalten. Besonders empfehlenswert sind Olivenöl, Rapsöl und Sonnenblumenöl – allerdings muss besonders bei Olivenöl sehr auf die Temperatur geachtet werden.

Zum Frittieren besonders gut geeignet sind:
- ✪ Pflanzenfett
- ✪ Pflanzenöl
- ✪ Raffiniertes Erdnussöl
- ✪ Schmalz

Gut geeignet sind:
- ✪ raffiniertes Rapsöl
- ✪ Sonnenblumenöl

Geeignet sind:
- ✪ kaltgepresstes Olivenöl
- ✪ kaltgepresstes Rapsöl

Nicht geeignet sind:
- ✪ Butter
- ✪ Leinöl
- ✪ Distelöl

KOKOSFETT

RINDERTALG

PFLANZENFETT

SCHWEINESCHMALZ

BUTTERSCHMALZ

ANLEITUNG ZUM
GLÜCKLICHSEIN

Chemisch gesehen ist das Frittieren in erster Linie ein Dehydratisierungsprozess: Das in der Kartoffel enthaltene Wasser und ihre wasserlöslichen Inhaltsstoffe gehen in das Fett über. Die Kartoffel nimmt dabei Fett auf, es dringt in ihre Hohlräume ein und gart sie von innen. Gleichzeitig schließen sich an der Oberfläche die Poren und es bildet sich eine Kruste, sodass kein weiteres Fett mehr eindringen kann. So erreicht das Innere jedes einzelnen Kartoffelstäbchens etwa 100 °C.

Zum Vergleich einmal die Fettgehalte vor und nach dem Frittieren:
Kartoffelchips: roh: 0,1 % frittiert: 39,8 %
Pommes frites: roh: 0,1 % frittiert: 13,2 %

Doch warum erzählen wir Ihnen gleich zu Beginn eines Kapitels etwas über den Fettgehalt der heißgeliebten Stärkelieferanten – und noch dazu eines Kapitels mit dem Titel „Anleitung zum Glücklichsein"?
Viel wichtiger und interessanter sind doch die praktischen Tipps zu Frittiertemperaturen oder Kartoffelarchitekturen. Und deshalb wollen wir auch sofort damit beginnen, Ihnen die erste allgemeingültige Anleitung für ultimativ knusprige Pommes frites zu geben – präzise Angaben finden Sie dann im Kapitel „Pommes-Architektur" bei den jeweiligen Schnitztypen:

1. In welcher Form Sie Ihre Pommes frites auch immer am liebsten mögen – lang und dünn oder belgisch dick, rund, schwungvoll oder innovativ – zuerst sollten Sie die Kartoffeln schälen, um sie dann in die gewünschte Form zu bringen.
2. Waschen Sie die Stärke ab und lassen Sie die Pommes frites abtrocknen. Legen Sie sie dazu aber bitte nicht auf Küchenkrepp, da die Kartoffelrohlinge die Feuchtigkeit sonst wieder aufsaugen.
3. Lassen Sie Ihre Fritteuse zunächst einige Minuten auf 60 °C vorheizen, um das Öl oder Fett sanft zu erwärmen.
4. Heizen Sie Ihre Fritteuse dann auf 140–180 °C.
5. Befüllen Sie den Frittierkorb Ihrer Fritteuse maximal im Fett-Frittiergut-Verhältnis von 10:1.
6. Schütteln Sie evtl. Panaden, Brösel oder andere leicht lösliche Kleinteile ab.
7. Geben Sie den Frittierkorb ins heiße Öl. Schütteln Sie ihn dabei vorsichtig, damit die Pommes frites nicht an ihm kleben, sondern frei im Öl schwimmen.
8. Frittieren Sie die Pommes frites einige Minuten, um das Innere der Kartoffelstäbchen zu garen.
9. Entnehmen Sie den Frittierkorb aus der Fritteuse und lassen Sie die Pommes frites abtropfen und einige Minuten abkühlen.
10. Heizen Sie Ihre Fritteuse auf 180–190 °C.
11. Frittieren Sie die Pommes frites einige Minuten. Sie sind fertig, wenn sie oben

schwimmen und eine goldgelbe Kruste bekommen haben.

12. Entnehmen Sie den Frittierkorb aus der Fritteuse und bestreuen Sie die noch leicht feuchten Pommes frites mit Salz oder anderen Gewürzen.

Das doppelte Frittieren bei unterschiedlichen Temperaturen verhindert, dass die Pommes entweder innen nicht gar oder aber außen schon zu dunkel werden. Achten Sie bitte außerdem darauf, Ihren Frittierkorb nicht zu voll in das sprudelnde Fett zu versenken. Bei allem Verständnis für den Wunsch nach einer schnellen Zubereitung von ganzen Schlemmerbergen – das Öl kühlt dann einfach zu stark ab, wodurch es insgesamt länger dauert und zu einem weniger perfekten Ergebnis führt, weil die Pommes zu viel Fett aufsaugen, da sich nicht sofort eine schützende Kruste bilden kann. Die genauen Frittiertemperaturen können je nach verwendeter Kartoffel- oder Ölsorte oder auch je nach Standort der Fritteuse (drinnen oder draußen) und den damit verbundenen Witterungsbedingungen variieren. Die angegebenen Temperaturen orientieren sich daher am Durchschnitt.

Pommes frites aus der Tiefkühltruhe werden in der Regel nach dem ersten Frittiergang tiefgekühlt und müssen daher nur einmal frittiert werden. Tauen Sie Tiefkühlpommes aber vorher unbedingt auf und lassen Sie sie kurz abtrocknen. Sie kühlen das Öl sonst zu sehr ab und die große Feuchtigkeitsmenge bringt das Fett gefährlich stark zum Sprudeln und Dampfen.

Kontrollieren Sie vor dem Erhitzen Ihrer Fritteuse das eventuell noch enthaltene Fett. Sollte es unangenehm riechen oder schmecken, muss es ungedingt ausgewechselt werden. Zeigt sich beim Erhitzen eine Rauchentwicklung oder eine Schaumbildung, sollte es ebenfalls ersetzt werden. Überprüfen Sie außerdem den Füllstand und ergänzen Sie die eventuell fehlende Menge. Eine Dunkelfärbung ist hingegen nicht unbedingt ein Indiz für einen Qualitätsmangel. Sie kann Folge einer Reaktion von Eiweißstoffen mit Fettbestandteilen oder Zuckern sein, die für die weitere Verwendung unbedenklich ist.

Anders verhält es sich jedoch mit einer Dunkelfärbung durch Lebensmittelrückstände. Sie werden im heißen Öl immer weiter frittiert und sorgen so langfristig für bittere Aromen. Das Öl sollte daher nach jedem Frittiergang mit einem hitzebeständigen Filter von Rückständen befreit werden.

Gemüse, Fisch, Fleisch etc. sollte immer separat frittiert werden. Nasse Lebensmittel bitte vorher abtrocknen. Tiefgekühlte Produkte sollten vor dem Frittieren angetaut und abgetrocknet werden. Brösel, Panaden und andere leicht lösliche Kleinteile sollten Sie vor dem Frittieren abschütteln. Und frittierte Speisen sollten immer erst nach dem Frittieren gesalzen oder gewürzt werden.

Nach dem Frittieren sollten Sie das Frittiergut ausreichend abtropfen lassen. Decken Sie die Fritteuse ab, um sie vor Verunreinigungen zu schützen. Legen Sie beim Kochen längere Pausen ein, sollten Sie die Temperatur in der Fritteuse auf ca. 60 °C absenken. Bei kürzeren Pausen genügt es jedoch, die Fritteuse zu schließen und die Temperatur beizubehalten. Aber der allerwichtigste Tipp für eine gleichbleibende Pommes-Qualität ist: Reinigen Sie Ihre Fritteuse gründlich und wechseln Sie immer rechtzeitig das Öl oder Fett!

Und nun: Guten Appetit!

POMMES-ARCHITEKTUR

KLASSISCH

Für den Genuss echter belgischer Pommes frites müssen Sie nicht extra nach Belgien reisen. Mit diesem einfachen Rezept lassen sie sich ganz leicht auch zuhause zubereiten. Ursprünglich verlieh das Frittieren in Rindernierenfett den belgischen Kartoffelstäbchen ihren unvergleichlichen Geschmack, heute wird jedoch meist Pflanzenfett verwendet. Doch ist nicht allein das Fett der Schlüssel zu echten Belgischen, auch auf die richtige Kartoffelsorte und natürlich die Zubereitung kommt es an!

ZUTATEN FÜR 2 PORTIONEN
500 g Kartoffeln, mehligkochend (z. B. Bintje)
Salz, grobkörnig

ZUBEREITUNG

✪ Schälen und waschen Sie die Kartoffeln und schneiden Sie sie zunächst in fingerdicke Scheiben, dann wiederum in Stifte.

✪ Die Kartoffelstifte gründlich waschen, um die Kartoffelstärke herauszuspülen. Dann in ein Küchentuch geschlagen gut abtrocknen, damit es beim Frittieren nicht spritzt.

✪ Die vorbereitete Fritteuse auf ca. 140–150 °C heizen.

✪ Die Hälfte der Pommes frites in den Frittierkorb geben und in das heiße Öl senken. Den Korb dabei vorsichtig schütteln, damit die Pommes frites nicht am Korb kleben, sondern frei im Fett schwimmen.

✪ Frittieren Sie die Pommes frites für ca. 6 Minuten.

✪ Nehmen Sie den Frittierkorb aus dem Öl, lassen Sie die Pommes frites abtropfen und geben Sie sie dann zum weiteren Abtropfen auf ein Küchenkrepp.

✪ Wiederholen Sie den Vorgang mit der zweiten Hälfte der vorbereiteten Pommes frites.

✪ Erhöhen Sie die Temperatur des Frittierfettes auf 175–190 °C.

✪ Geben Sie die Hälfte der vorfrittierten Pommes frites in den Frittierkorb und frittieren Sie sie etwa 1 Minute, bis sie oben schwimmen und eine goldgelbe Farbe annehmen. Geben Sie sie dann zum Abtropfen in ein Sieb.

✪ Wiederholen Sie den Vorgang mit der zweiten Hälfte der vorfrittierten Pommes frites. Achten Sie dabei darauf, dass sich das Frittierfett zwischen den Frittiergängen wieder auf die gewünschte Temperatur erhitzt.

✪ Salzen Sie die belgischen Pommes frites leicht und servieren Sie sie noch heiß – zum Beispiel mit einer fruchtig-pikanten Feigen-Sauce. (Siehe Rezept Seite 54)

SCHLANK

Die typisch langen Dünnen sind außen schön knusprig und innen herrlich kartoffelig. Der Trick dabei ist das doppelte Frittieren! Denn in nur einem Frittiergang würden sie entweder innen nicht gar oder aber außen zu dunkel.

ZUTATEN FÜR 2 PORTIONEN

500 g große Kartoffeln, vorwiegend festkochend (z. B. Gala)

Salz oder Gewürzpulver nach Belieben

ZUBEREITUNG

✪ Schälen und waschen Sie die Kartoffeln und schneiden Sie sie zunächst in ca. 1 cm dicke Scheiben, dann wiederum in ca. 1 cm breite Stifte.

✪ Die Kartoffelstifte gründlich waschen, um die Kartoffelstärke herauszuspülen. Dann in ein Küchentuch geschlagen gut abtrocknen, damit es beim Frittieren nicht spritzt.

✪ Die vorbereitete Fritteuse auf ca. 140–150 °C heizen.

✪ Die Hälfte der Pommes frites in den Frittierkorb geben und in das heiße Öl senken. Den Korb dabei vorsichtig schütteln, damit die Pommes frites nicht am Korb kleben, sondern frei im Fett schwimmen.

✪ Frittieren Sie die Pommes frites für ca. 4 Minuten.

✪ Nehmen Sie den Frittierkorb aus dem Öl, lassen Sie die Pommes frites abtropfen und geben Sie sie dann zum weiteren Abtropfen auf ein Küchenkrepp.

✪ Wiederholen Sie den Vorgang mit der zweiten Hälfte der vorbereiteten Pommes frites.

✪ Erhöhen Sie die Temperatur des Frittierfettes auf 175–190 °C.

✪ Geben Sie die Hälfte der vorfrittierten Pommes frites in den Frittierkorb und frittieren Sie sie etwa 1 Minute, bis sie oben schwimmen und eine goldgelbe Farbe annehmen. Geben Sie sie dann zum Abtropfen in ein Sieb.

✪ Wiederholen Sie den Vorgang mit der zweiten Hälfte der vorfrittierten Pommes frites. Achten Sie dabei darauf, dass sich das Frittierfett zwischen den Frittiergängen wieder auf die gewünschte Temperatur erhitzt.

✪ Würzen Sie die langen Dünnen mit Salz und Paprikapulver und servieren Sie sie noch heiß – zum Beispiel mit einem fruchtig-scharfen Habaneroschaum. (Siehe Rezept Seite 54)

RUND

Bei diesem runden Knusperspaß zeigt sich die Kartoffel von einer ihrer besten Seiten: innen fast püreeartig cremig, aber außen knusprig kross!

ZUTATEN FÜR 2 PORTIONEN

1 kg Kartoffeln, mehligkochend (z. B. Bintje)
Salz

ZUBEREITUNG

✪ Schälen und waschen Sie die Kartoffeln. Stechen Sie dann mit einem runden Gemüseausstecher kleine Kugeln aus dem Kartoffelfleisch aus. Drücken Sie den Ausstecher dazu tief in das Kartoffelfleisch und lösen Sie die Kugeln durch eine Drehbewegung aus.

✪ Lassen Sie die Kartoffelkugeln in kaltes Wasser fallen und waschen Sie darin die Kartoffelstärke gründlich heraus. Lassen Sie die Kugeln dann in ein Küchentuch geschlagen abtrocknen, damit es beim Frittieren nicht spritzt.

✪ Die vorbereitete Fritteuse auf ca. 140–150 °C heizen.

✪ Die Hälfte der Pommes-Kugeln in den Frittierkorb geben und in das heiße Öl senken. Den Korb dabei vorsichtig schütteln, damit die Kugeln nicht am Korb kleben, sondern frei im Fett schwimmen.

✪ Frittieren Sie die Kugeln ca. 6 Minuten.

✪ Nehmen Sie den Frittierkorb aus dem Öl, lassen Sie die Kugeln abtropfen und geben Sie sie dann zum weiteren Abtropfen auf ein Küchenkrepp.

✪ Wiederholen Sie den Vorgang mit der zweiten Hälfte der vorbereiteten Kartoffelbällchen.

✪ Erhöhen Sie die Temperatur des Frittierfettes auf 175–190 °C.

✪ Geben Sie die Hälfte der vorfrittierten Kügelchen in den Frittierkorb und frittieren Sie sie etwa 2 Minuten, bis sie oben schwimmen und eine goldgelbe Farbe annehmen. Geben Sie sie dann zum Abtropfen in ein Sieb.

✪ Wiederholen Sie den Vorgang mit der zweiten Hälfte der vorfrittierten Pommes-Kugeln. Achten Sie dabei darauf, dass sich das Frittierfett zwischen den Frittiergängen wieder auf die gewünschte Temperatur erhitzt.

✪ Würzen Sie die Bällchen mit Salz und Paprikapulver und servieren Sie sie noch heiß – zum Beispiel mit einem leckeren Paprika-Dip. (Siehe Rezept Seite 48)

> **TIPP:** Die zurückbleibenden Kartoffelgerippe mit kaltem Wasser bedeckt aufbewahren und am nächsten Tag für Kartoffelsuppe oder Püree verwenden.

Die Kartoffel-Kugeln können auch in etwas Öl oder Butter in einer Pfanne zubereitet werden. Geben Sie dazu nur so viele Kugeln in das heiße Öl, dass sie in einer Schicht nebeneinander liegen. Wenden Sie die Kugeln durch ruckartiges Ziehen am Pfannenstiel, behalten Sie sie jedoch gut im Auge: Die Pommes parisienne sind schneller fertig, als man denkt!

AUFGEPOPPT

Bei dieser aparten Zubereitungsart puffen die Kartoffelscheiben zu luftig leichten Kartoffelkissen auf. Klassischerweise begleiten Sie ein saftiges Chateaubriand, sie eignen sich aber auch hervorragend selbst als Hauptgericht oder zu Dips und Saucen.

ZUTATEN FÜR 2 PORTIONEN

500 g Kartoffeln, mehligkochend

ZUBEREITUNG

✪ Schälen und waschen Sie die Kartoffeln und schneiden Sie sie in ca. 3 cm dicke Scheiben.

✪ Die Kartoffelscheiben gründlich waschen, um die Kartoffelstärke herauszuspülen. Dann in ein Küchentuch geschlagen gut abtrocknen, damit es beim Frittieren nicht spritzt.

✪ Die vorbereitete Fritteuse auf ca. 175 °C heizen.

✪ Die Hälfte der Pommes frites in den Frittierkorb geben und in das heiße Öl senken. Den Korb dabei vorsichtig schütteln, damit die Pommes frites nicht am Korb kleben, sondern frei im Fett schwimmen.

✪ Frittieren Sie die Pommes frites für ca. 3 Minuten.

✪ Nehmen Sie den Frittierkorb aus dem Öl, lassen Sie die Pommes frites abtropfen und geben Sie sie dann zum weiteren Abtropfen auf ein Küchenkrepp.

✪ Wiederholen Sie den Vorgang mit der zweiten Hälfte der vorbereiteten Pommes frites.

✪ Erhöhen Sie die Temperatur des Frittierfettes auf 180–190 °C.

✪ Geben Sie die Hälfte der vorfrittierten Pommes frites in den Frittierkorb und frittieren Sie sie etwa 1 Minute, bis sich die Kartoffelscheiben aufblähen und eine goldgelbe Farbe annehmen. Geben Sie sie dann zum Abtropfen in ein Sieb.

✪ Wiederholen Sie den Vorgang mit der zweiten Hälfte der vorfrittierten Pommes frites. Achten Sie dabei darauf, dass sich das Frittierfett zwischen den Frittiergängen wieder auf die gewünschte Temperatur erhitzt.

✪ Salzen Sie die Pommes soufflés leicht und servieren Sie sie noch heiß – zum Beispiel mit einer kalten Erbsen-Sauce.

DYNAMISCH GEWICKELT

Diese Pommes-Variante erinnert an lange Abende am Lagerfeuer, Grillwürstchen auf Stöcken oder Stockbrot. Doch auch Kartoffeln wollen nicht immer nur in Alufolie gewickelt langweilig in der Glut liegen ...

ZUTATEN FÜR 2 PORTIONEN

2 große Kartoffeln, mehlig bis vorwiegend festkochend

ZUBEREITUNG

✪ Schälen und waschen Sie die Kartoffeln und schneiden Sie sie mithilfe eines Rettichhobels in jeweils eine Endlosspirale.

✪ Stecken Sie die Spiralen vorsichtig auf passende Stöcke oder auch mehrere Holzspieße.

✪ Die vorbereitete Fritteuse auf ca. 140–150 °C heizen.

✪ Die Kartoffel-Spiralen einzeln in den Frittierkorb geben und in das heiße Öl senken. Den Korb dabei vorsichtig schütteln, damit sie nicht am Korb kleben, sondern frei im Fett schwimmen.

✪ Frittieren Sie den Tornado für ca. 6 Minuten.

✪ Nehmen Sie den Frittierkorb aus dem Öl, lassen Sie den Spieß abtropfen und geben Sie ihn dann zum weiteren Abtropfen auf ein Küchenkrepp.

✪ Wiederholen Sie den Vorgang mit dem zweiten Spieß.

✪ Erhöhen Sie die Temperatur des Frittierfettes auf 175–190 °C.

✪ Geben Sie den ersten Tornado in den Frittierkorb und frittieren Sie ihn etwa 1 Minute, bis er oben schwimmt und eine goldgelbe Farbe annimmt. Geben Sie ihn dann zum Abtropfen in ein Sieb.

✪ Wiederholen Sie den Vorgang mit dem zweiten Spieß. Achten Sie dabei darauf, dass sich das Frittierfett zwischen den Frittiergängen wieder auf die gewünschte Temperatur erhitzt.

✪ Salzen Sie die Tornados leicht und servieren Sie sie noch heiß – zum Beispiel mit einer scharfen Sauce auf Tomatenbasis. (Siehe Rezept Seite 47)

PARMESAN !

ENDLOS

Diese Spaghetti-Variante lässt nicht nur Kinderherzen höher schlagen! Zugegeben, sie lassen sich nicht so schön mit der Gabel aufwickeln, dafür sind sie aber umso krosser ...

ZUTATEN FÜR 2 PORTIONEN

2 große Kartoffeln, mehlig bis vorwiegend festkochend

ZUBEREITUNG

✪ Schälen und waschen Sie die Kartoffeln. Schneiden Sie die Kartoffeln mithilfe eines Spaghetti-Spiralschneiders in jeweils eine Endlosspirale.

✪ Spülen Sie die „Spaghetti" unter fließendem Wasser ab und legen Sie sie in Nestern zum Trocknen auf Küchenkrepp oder -handtüchern aus.

✪ Die vorbereitete Fritteuse auf ca. 140–150 °C heizen.

✪ Die Kartoffelnester einzeln in den Frittierkorb geben und in das heiße Öl senken. Den Korb dabei vorsichtig schütteln, damit sie nicht am Korb kleben, sondern frei im Fett schwimmen.

✪ Frittieren Sie die Spaghettinester für ca. 3 Minuten.

✪ Nehmen Sie den Frittierkorb aus dem Öl, lassen Sie die Nester abtropfen und geben Sie sie dann zum weiteren Abtropfen auf ein Küchenkrepp.

✪ Wiederholen Sie den Vorgang mit dem zweiten Kartoffelnest.

✪ Erhöhen Sie die Temperatur des Frittierfettes auf 175–190 °C.

✪ Geben Sie das erste Nest in den Frittierkorb und frittieren Sie es etwa 1 Minute, bis es oben schwimmt und eine goldgelbe Farbe annimmt. Geben Sie es dann zum Abtropfen in ein Sieb.

✪ Wiederholen Sie den Vorgang mit dem zweiten Kartoffelnest. Achten Sie dabei darauf, dass sich das Frittierfett zwischen den Frittiergängen wieder auf die gewünschte Temperatur erhitzt.

✪ Salzen Sie die „Spaghetti" leicht und servieren Sie sie noch heiß – zum Beispiel ganz klassisch mit Ketchup und etwas frisch gehobeltem Parmesan.

SCHWUNGVOLL VERDREHT

ZUTATEN FÜR 2 PORTIONEN

10 kleine Kartoffeln, mehligkochend

ZUBEREITUNG

✪ Schälen und waschen Sie die Kartoffeln. Schneiden Sie sie mithilfe einer Kartoffelspirale in enge Spiralen.

✪ Die Kartoffelgewinde gründlich waschen, um die Kartoffelstärke herauszuspülen. Dann in ein Küchentuch geschlagen gut abtrocknen, damit es beim Frittieren nicht spritzt.

✪ Die vorbereitete Fritteuse auf ca. 140–150 °C heizen.

✪ Die Hälfte der Pommes-Gewinde in den Frittierkorb geben und in das heiße Öl senken. Den Korb dabei vorsichtig schütteln, damit sie nicht am Korb kleben, sondern frei im Fett schwimmen.

✪ Frittieren Sie die Pommes frites für ca. 6 Minuten.

✪ Nehmen Sie den Frittierkorb aus dem Öl, lassen Sie die Pommes-Spiralen abtropfen und geben Sie sie dann zum weiteren Abtropfen auf ein Küchenkrepp.

✪ Wiederholen Sie den Vorgang mit der zweiten Hälfte der vorbereiteten Gewinde.

✪ Erhöhen Sie die Temperatur des Frittierfettes auf 175–190 °C.

✪ Geben Sie die Hälfte der vorfrittierten Pommes frites in den Frittierkorb und frittieren Sie sie etwa 1 Minute, bis sie oben schwimmen und eine goldgelbe Farbe annehmen. Geben Sie sie dann zum Abtropfen in ein Sieb.

✪ Wiederholen Sie den Vorgang mit der zweiten Hälfte der vorfrittierten Spiralen. Achten Sie dabei darauf, dass sich das Frittierfett zwischen den Frittiergängen wieder auf die gewünschte Temperatur erhitzt.

✪ Salzen Sie die schwungvoll verdrehten Pommes frites leicht und servieren Sie sie noch heiß – zum Beispiel mit einem herrlichen Curry-Ananas-Dip. (Siehe Rezept Seite 53)

INNOVATIV

Ein Traum für alle Saucen-Junkies: Pommes zum Dippen! Durch ihre V-förmige Zubereitung dienen sie gleichzeitig als Löffel und nehmen Saucen, Dips und kleine Begleiter herrlich einfach auf.

ZUTATEN FÜR 2 PORTIONEN

500 g Kartoffeln, vorwiegend festkochend

ZUBEREITUNG

✪ Schälen und waschen Sie die Kartoffeln und schneiden Sie sie zunächst in fingerdicke Scheiben, dann mithilfe eines V-förmigen Schnitzmessers in Stifte.

✪ Die Kartoffelstifte gründlich waschen, um die Kartoffelstärke herauszuspülen. Dann in ein Küchentuch geschlagen gut abtrocknen, damit es beim Frittieren nicht spritzt.

✪ Die vorbereitete Fritteuse auf ca. 140–150 °C heizen.

✪ Die Hälfte der Pommes frites in den Frittierkorb geben und in das heiße Öl senken. Den Korb dabei vorsichtig schütteln, damit die Pommes frites nicht am Korb kleben, sondern frei im Fett schwimmen.

✪ Frittieren Sie die Pommes frites für ca. 4 Minuten.

✪ Nehmen Sie den Frittierkorb aus dem Öl, lassen Sie die Pommes frites abtropfen und geben Sie sie dann zum weiteren Abtropfen auf ein Küchenkrepp.

✪ Wiederholen Sie den Vorgang mit der zweiten Hälfte der vorbereiteten Pommes frites.

✪ Erhöhen Sie die Temperatur des Frittierfettes auf 175–190 °C.

✪ Geben Sie die Hälfte der vorfrittierten Pommes frites in den Frittierkorb und frittieren Sie sie etwa 1 Minute, bis sie oben schwimmen und eine goldgelbe Farbe annehmen. Geben Sie sie dann zum Abtropfen in ein Sieb.

✪ Wiederholen Sie den Vorgang mit der zweiten Hälfte der vorfrittierten Pommes frites. Achten Sie dabei darauf, dass sich das Frittierfett zwischen den Frittiergängen wieder auf die gewünschte Temperatur erhitzt.

✪ Salzen Sie diese außergewöhnlichen Pommes frites leicht und servieren Sie sie noch heiß – zum Beispiel mit einer nussig-scharfen Erdnuss-Sauce, einer Cajun-Sauce oder einem Ananas-Dip. (Siehe Rezepte Seite 52 und 53)

SAUCEN

KETCHUP FÜR ALLE

ZUTATEN

600 g reife Tomaten

150 g rote Zwiebeln, grob gehackt

2 Knoblauchzehen, grob gehackt

1 kleine rote Chili-Schote,
  alternativ eine getrocknete

2 Sternanis

5 Pimentkörner

etwas Ingwerpulver

½ Zimtstange

100 ml Rotweinessig

50 g Rohrohrzucker

1½–2 TL Speisestärke

ZUBEREITUNG

Die Tomaten von den Stielansätzen befreien, die Haut rundherum mehrfach einritzen, mit kochendem Wasser übergießen und häuten. Vierteln, die Kerne entfernen und dann zusammen mit dem Knoblauch und den Zwiebeln pürieren. Die pürierten Tomaten in einen Topf geben, die Gewürze zufügen, gründlich mit der Tomaten-Zwiebel-Masse vermischen und 30–40 Minuten lang sanft köcheln lassen. Währenddessen häufig umrühren.

Die Tomaten danach durch ein nicht allzu feines Sieb streichen und in einem anderen Topf zusammen mit dem Zucker und dem Essig aufkochen und noch einmal 10 Minuten köcheln lassen, dabei auch immer wieder umrühren. Nun die Speisestärke in kaltem Wasser anrühren und zu den kochenden Tomaten geben. Alles noch einmal aufkochen lassen und dann sofort in sterilisierte Gläser oder Flaschen füllen.

MAYONNAISE

ZUTATEN

2 Eigelb

circa 250 ml kaltgepresstes Pflanzenöl,
  z. B. Rapsöl

2 TL Dijon-Senf

etwas Zitronensaft

etwas Worcestershire-Sauce

1 Prise Cayennepfeffer

1 Prise Zucker

Salz

Pfeffer

ZUBEREITUNG

Die Eier vor der Verarbeitung rechtzeitig aus dem Kühlschrank nehmen, damit sie Zimmertemperatur bekommen. Das Eigelb und den Senf miteinander verrühren und mit dem Mixer aufmixen. Das Öl langsam in die Masse hineinfließen lassen und dabei weitermixen, bis die gewünschte Konsistenz erreicht ist. Zum Schluss Zitronensaft, Salz, Pfeffer und Cayennepfeffer, Zucker und Worcestershire-Sauce unterrühren.

ROSA BEERE

ZUTATEN FÜR 4 PORTIONEN

6 EL Mayonnaise (siehe Rezept Seite 38)

2 EL Dijon-Senf

1 Knoblauchzehe, zerdrückt

2 Zweige glatte Petersilie,
   sehr klein gehackt

2 TL Zitronensaft

2 EL Worcestershire-Sauce

2 TL rosa Beeren oder roter Pfeffer,
im Mörser zerkleinert

ZUBEREITUNG

Alle Zutaten gründlich miteinander
vermischen und vor dem Servieren etwas
durchziehen lassen.

HONIG-SENF-DIP MIT ZWIEBELN

ZUTATEN FÜR 4 PORTIONEN

6 EL mittelscharfer Senf

2 EL Honig (möglichst flüssiger Honig,
   wenn nur fester vorhanden ist, diesen
   mit etwas heißem Wasser verrühren)

1 TL Voatsiperifery Pfeffer,
   im Mörser zerkleinert

2 EL Mayonnaise (siehe Rezept Seite 38)

2 Zwiebeln, halbiert und dann in
   Halbkreise geschnitten

2–3 EL Rapsöl

2 EL Zucker

ZUBEREITUNG

Das Rapsöl in der Pfanne erhitzen und die
Zwiebelringe darin langsam anschwitzen.
Den Zucker hinzufügen und das Ganze
goldgelb und knusprig werden lassen.
Kalt stellen.
Alle anderen Zutaten miteinander ver-
rühren und kurz vor dem Servieren die
Zwiebeln in die Sauce rühren.

Paprika Buttermilch

Honig-Senf

Kalte Erbse

Rosa Beere

PAPRIKA-BUTTERMILCH-DIP

ZUTATEN 4 PORTIONEN

3 süße rote Paprika, halbiert und entkernt

1 TL scharfer Senf

1 TL Senfsaat, im Mörser zerkleinert

1 EL weißer Balsamico-Essig

½ EL Schnittlauchröllchen

½ EL glatte Petersilie, fein gehackt

½ Knoblauchzehe, zerdrückt

½ rote Chilischote, sehr fein gehackt

80 ml Buttermilch

2 EL Mayonnaise (siehe Rezept Seite 38)

etwas Rapsöl

ZUBEREITUNG

Etwas Rapsöl in der Pfanne erhitzen und die Paprikahälften scharf anbraten, bis sich die Haut zu lösen beginnt. Nach dem Erkalten die Haut abziehen und die Paprika mit dem Pürierstab pürieren. Alle übrigen Zutaten zufügen und gründlich verrühren.

KALTE ERBSE

ZUTATEN 4 PORTIONEN

150 g Erbsen, TK, aufgetaut

4 Zweige Minze, fein gehackt

2 Zweige Koriander, fein gehackt

½ Habanero, entkernt und
    sehr fein gehackt

3 EL Sahne

1 TL Meerettich oder Wasabi-Paste

1 EL weißer Balsamico-Essig

2 EL Mayonnaise (siehe Rezept
    Seite 38)

ZUBEREITUNG

Sämtliche Zutaten, bis auf die Mayonnaise, miteinander vermischen, pürieren und mit Salz abschmecken. Dann die Mayonnaise unterrühren und das Ganze bis zum Servieren kalt stellen.

SAUCE BÉARNAISE

ZUTATEN

220 g Butter

70 ml trockener Weißwein

2 Schalotten, fein gehackt

½ TL zerstoßene schwarze Pfefferkörner

½ Bund Estragon, abgezupft

3 Eigelb

Salz

Zitronensaft

1 Msp. Cayennepfeffer

ZUBEREITUNG

200 g Butter in einem Topf schmelzen. In einem zweiten Topf die Schalotten in der restlichen Butter anschwitzen, mit dem Weißwein und 40 ml Wasser ablöschen und kurz aufkochen lassen. Den Pfeffer zufügen und etwas abkühlen lassen. Dann zusammen mit den Eigelb im Wasserbad zu einer homogenen Masse aufschlagen, dabei aber keinesfalls zum Kochen bringen. Vom Herd nehmen und die geschmolzene Butter sehr langsam und unter ständigem Rühren in die Eimasse hineinlaufen lassen und stetig rühren.

Den Estragon fein schneiden und unter die fertige Sauce rühren und alles mit Salz, Cayennepfeffer und etwas Zitronensaft abschmecken.

CURRY–MAYONNAISE

ZUTATEN FÜR 4 PORTIONEN

2 Eigelb

200 ml Sonnenblumenöl

1 guter EL scharfer Senf

1 Spritzer Weißweinessig

1 TL Curry

Salz

Pfeffer

ZUBEREITUNG

Die Eier rechtzeitig aus dem Kühlschrank nehmen, damit sie Zimmertemperatur bekommen. Das Eigelb gründlich mit dem Senf verrühren, dann den Essig, das Salz und den Pfeffer zugeben. Das Öl sehr langsam zugeben und mit dem Mixer aufmixen und solange weiterrühren, bis die gewünschte Konsistenz erreicht ist. Dann das Curry-Pulver zugeben und noch einmal mixen. Mit Salz und Pfeffer abschmecken.

INGWER-MAYONNAISE

ZUTATEN

120 g Mayonnaise (siehe Rezept Seite 38)
1 Schalotte, geschält und geviertelt
1 rote Chili-Schote, längs halbiert
 und entkernt
ca. 1 cm Ingwer, geschält, grob zerkleinert
1 EL Limettensaft
1 EL Sesamöl
1 TL Fischsauce
1 TL helle Soja-Sauce

ZUBEREITUNG

Alle Zutaten zusammen in einen Mixer geben und mixen. Vor dem Servieren etwas durchziehen lassen.

AIOLI DE LUXE

ZUTATEN

2 große Eigelb
250 ml Olivenöl
½ TL Zucker
1 EL Zitronensaft
1 kleine Knoblauchzehe, sehr fein gehackt
2 Prisen Currypulver
1 Prise Safran
Pfeffer

ZUBEREITUNG

Die Eier rechtzeitig aus dem Kühlschrank nehmen, damit sie Zimmertemperatur bekommen. Den gehackten Knoblauch mit dem Eigelb, dem Zucker und einer Prise Salz verrühren. Dann das Olivenöl langsam in die Masse tropfen lassen und mit dem Mixer aufmixen. Anschließend den Zitronensaft, das Currypulver und den Safran einrühren und zum Schluss mit Salz und Pfeffer abschmecken.

Cashew-Oliven-Dip

Sauce Tartare

SAUCE TARTARE

ZUTATEN

250 g Sauerrahm

5 EL Mayonnaise (siehe Rezept Seite 38)

1 TL Kapern, gehackt

1 Schalotte, fein gehackt

1 EL Zitronensaft

2 Gewürzgurken, fein gewürfelt

2 EL Schnittlauchröllchen

1 TL Dijon-Senf

Salz

Pfeffer

Cayennepfeffer

ZUBEREITUNG

Den Sauerrahm mit der Mayonnaise
verrühren, alle anderen Zutaten zugeben
und gründlich vermischen. Mit Salz, Pfeffer
und nach Geschmack mit Cayennepfeffer
abschmecken und durchziehen lassen.
Vor dem Servieren eventuell noch einmal
etwas nachwürzen.

Rosmarin-Mayo

ROSMARIN-MAYONNAISE

ZUTATEN FÜR 4 PORTIONEN

1 großes Eigelb

100 ml Rapsöl, kaltgepresst

1 TL Senf

etwas Zitronensaft

2–3 Zweige Rosmarin

Salz

Pfeffer

ZUBEREITUNG

Das Öl in einem Topf erwärmen, dabei darauf achten, dass es nicht zu heiß wird. Die Rosmarin-Zweige ins warme Öl legen, den Topf mit dem Deckel verschließen und den Rosmarin für zwei bis drei Stunden im Öl ziehen lassen. Danach die Zweige entfernen und mit dem Rosmarinöl die Mayonnaise zubereiten. Dazu das Eigelb mit dem Senf verrühren, das Öl tröpfchenweise zugeben und mit dem Mixer ständig weiterrühren, bis die gewünschte Konsistenz erreicht ist. Dann den Zitronensaft unterrühren und mit Salz und Pfeffer abschmecken

CASHEW-OLIVEN-DIP

ZUTATEN FÜR 4 PORTIONEN

2 EL Cashew-Kerne (gerne auch Cashew-Bruch), grob gehackt

ca. 10–12 grüne Oliven, grob gehackt

4–5 EL glatte Petersilie, gehackt

3 EL Sonnenblumenöl

3 EL Mayonnaise (siehe Rezept Seite 38)

3 Spritzer Worcestershire-Sauce

ZUBEREITUNG

Die Nüsse zusammen mit den Oliven und der Petersilie unter Zugabe des Öls pürieren. Worcestershire-Sauce zugeben und verrühren. Dann die Mayonnaise unterrühren und vor dem Servieren noch etwas durchziehen lassen.

Ketchup pikant

TOMATIGES

Barbecue-Sauce

scharfe Tomatensauce

BARBECUE-SAUCE

ZUTATEN

200 ml Ketchup (siehe Rezept Seite 38)

2 Orangen, möglichst Saftorangen

1–2 Scheiben Ananas

3 EL Worcestershire-Sauce

1 rote Chili-Schote, klein, entkernt und fein gehackt

1 rote Zwiebel, gwürfelt

3 EL Ahornsirup

etwas Öl

Salz

Pfeffer

ZUBEREITUNG

Die Orangen auspressen und 100 ml Saft beiseite stellen. Die Ananas klein würfeln, dann das Öl in der Pfanne erhitzen und die Zwiebeln darin glasig dünsten. Die Ananas, den Ahornsirup, den Ketchup, die Chili-Schote und die Worcestershire-Sauce zu den Zwiebeln in die Pfanne geben und ein paar Minuten bei mittlerer Temperatur köcheln lassen. Die Sauce durch ein nicht allzu feines Sieb streichen, erkalten lassen und vor dem Servieren mit Salz und Pfeffer abschmecken.

KETCHUP PIKANT

ZUTATEN

500 g reife Tomaten

4 EL Zucker

1 EL scharfes Curry-Pulver

¼ TL Cayenne

¼ TL scharfes Paprika-Pulver

½ rote Chili-Schote, entkernt und fein gehackt

2 EL Olivenöl

2 EL Weißweinessig

2 EL Tomatenmark

Salz

Pfeffer

ZUBEREITUNG

Die Tomaten kreuzweise einritzen und mit kochendem Wasser übergießen. Häuten, entkernen und klein hacken. Das Olivenöl in einem Topf erhitzen und die Tomaten darin erhitzen. Den Zucker zugeben und leicht karamelisieren. Die Gewürze zugeben und unterrühren. Dann den Essig, das Tomatenmark und die Chili-Schote zufügen, aufkochen und dann alles pürieren. Mit Salz und Pfeffer abschmecken.

SCHARFE TOMATEN-SAUCE

ZUTATEN

2 mittelgroße Zwiebeln, gewürfelt

1 kleine Knoblauchzehe, klein gehackt

1 EL Olivenöl

4 EL Tomatenmark

150 g passierte Tomaten

2 EL Zitronensaft

2–3 EL Soja-Sauce

1–2 EL flüssiger Honig

½ TL Harissa

Salz

ZUBEREITUNG

Die Zwiebeln zusammen mit dem Knoblauch im Olivenöl dünsten und dann das Tomatenmark und die passierten Tomaten zugeben. Das Ganze 10 Minuten bei geringer Hitze köcheln lassen. Dann die Soja-Sauce, den Honig und die Harissa-Paste zufügen, gründliche verrühren und mit Zitronensaft und Salz abschmecken.

PAPRIKA–DIP

ZUTATEN 4 PORTIONEN

2 rote Paprika

2 EL Tomatenmark

2 TL Soja-Sauce

2 TL weißer Balsamico

Paprika, edelsüß

Chili-Flocken

Salz

Pfeffer

ZUBEREITUNG

Die Paprika halbieren, entkernen und mit der Schnittkante nach unten auf ein mit Backpapier ausgelegtes Blech legen und im Herd bei ca. 180 °C solange erhitzen, bis sich die Haut löst.

Die Paprikahälfte in Klarsichtfolie wickeln und 10 Minuten ruhen lassen. Dann die Haut abziehen, klein schneiden und in einer Schüssel mit Tomatenmark, Soja-Sauce und Essig vermischen. Alles pürieren und mit Salz, Pfeffer und Paprika abschmecken und nach Geschmack mit Chili-Flocken „verschärfen".

PIKANTER PAPRIKA–ZWIEBEL–DIP

ZUTATEN

2 Zwiebeln, sehr fein gewürfelt

1 rote Paprika

1 TL Paprikapulver, edelsüß

½ TL Harissa

½ TL Cayennepfeffer

1–2 TL Tomatenmark

etwas Olivenöl

ZUBEREITUNG

Die Paprika halbieren, entkernen und mit der Schnittkante nach unten auf einem Backpapier in den auf 200 °C vorgeheizten Backofen legen. Sobald die Haut dunkel wird, herausnehmen, in Klarsichtfolie einschlagen und etwas ruhen lassen. Dann die Haut abziehen und die Paprika sehr klein würfeln. Zu den gewürfelten Zwiebeln geben und mit allen übrigen Zutaten gründlich vermengen. Wer es gerne etwas schärfer mag, kann noch mit etwas zusätzlicher Harissa-Paste nachwürzen.

PAPRIKA

Paprika-Dip

Pikanter Paprika-Zwiebel-Dip

Curry-Orangen-Ketchup

CURRY-ORANGEN-KETCHUP

ZUTATEN

1 rote Zwiebel, fein gehackt

1 kleine Knoblauchzehe, fein gehackt

200 ml Ketchup (siehe Rezept Seite 38)

60 ml Orangensaft

½ rote Chili-Schote, entkernt und fein gehackt

3 TL mildes Curry-Pulver

etwas Olivenöl

Salz

Pfeffer

ZUBEREITUNG

Das Öl in einer Pfanne erhitzen und den Knoblauch zusammen mit der Zwiebel glasig dünsten. Den Orangensaft und den Ketchup zugeben, alles verrühren, das Curry-Pulver darüberstreuen, nochmals durchrühren und kurz aufkochen. Mit Salz und Pfeffer abschmecken.

TRENDIGES

Schoko verkehrt

Kichererbsen-Dip

Erdnuss-Koriander-Dip

SCHOKO VERKEHRT

ZUTATEN 4 PORTIONEN

6 EL Rapsöl

1 TL Fenchelsaat, im Mörser zerkleinert

½ Zimtstange, im Mörser zerkleinert (am besten eine dünne Ceylon-Zimtstange)

1 TL Koriandersamen, im Mörser zerkleinert

200 ml Griechischer Joghurt

Salz

ZUBEREITUNG

Das Öl in der Pfanne erhitzen, die Gewürze hinzugeben, leicht anrösten und erkaltet in den Joghurt einrühren. Nach Geschmack salzen.

KICHERERBSEN-DIP

ZUTATEN 4 PORTIONEN

200 g Kichererbsen aus der Dose

1 Knoblauchzehe, fein gehackt

50 g Sesampaste

2 EL Zitronensaft

2 EL Olivenöl

etwas Kreuzkümmel

etwas Kurkuma

1 EL Koriander, fein gehackt

Salz

ZUBEREITUNG

Die Kichererbsen abtropfen lassen, die Abtropfflüssigkeit auffangen und beiseite stellen. Nun die Kichererbsen pürieren und den Knoblauch, die Sesampaste, das Olivenöl und den Zitronensaft in die Masse rühren. So viel Abtropfflüssigkeit in das Mus rühren, bis die gewünschte Konsistenz erreicht ist. Den Koriander unterrühren und mit Kreuzkümmel, Kurkuma und Salz abschmecken.

ERDNUSS-KORIANDER-DIP

ZUTATEN FÜR 4 PORTIONEN

½ Zitrone, Saft

4 EL Erdnüsse, ungesalzen

1 EL Reisessig

1 EL Worcestershire-Sauce

1 TL Honig, flüssig

4 EL Rapsöl

2 Zweige Koriander

1 EL Sahne

ZUBEREITUNG

Den Zitronensaft zusammen mit den Erdnüssen, dem Reisessig, der Worcestershire-Sauce, dem Sesamöl, dem Honig und 2–3 EL Wasser im Mixer fein pürieren. Das Rapsöl nach und nach zugeben und weiter pürieren. Dann die Blätter von den Korianderzweigen abzupfen, klein hacken, unter die Masse geben und die Sahne unterrühren.

Erdnuss pikant

Zoes Cajun-Sauce

Curry-Ananas-Dip

ERDNUSS PIKANT

ZUTATEN FÜR 4 PORTIONEN

6 EL Erdnussbutter, crunchy

2 EL Soja-Sauce

2 EL Austernsauce

2 TL grüne Curry-Paste

2 ganze Pimentkörner,
   im Mörser zerkleinert

1 Knoblauchzehe, zerdrückt

4 EL Sahne

ZUBEREITUNG

Alle Zutaten gründlich miteinander
vermischen und 2 EL kochendes Wasser
dazugeben. Etwas durchziehen lassen
und dann servieren.

ZOES CAJUN-SAUCE

ZUTATEN FÜR 4 PORTIONEN

1 Stange Sellerie, sehr klein gehackt

½ Zwiebel, sehr klein gehackt

3 Zweige glatte Petersilie,
   sehr klein gehackt

1 Knoblauchzehe, zerdrückt

4 EL Mayonnaise (siehe Rezept Seite 38)

½ TL Paprikapulver, edelsüß

1 TL Meerrettich

1 TL Dijon-Senf

1 TL Ketchup (siehe Rezept Seite 38)

1 TL Zitronensaft

1 Tl. Worcestershire-Sauce

1 EL Chili-Sauce, scharf

ZUBEREITUNG

Alle Zutaten miteinander vermischen
und die Sauce vor dem Servieren etwas
durchziehen lassen. Wer es etwas schärfer
mag, streut einfach etwas klein gehackte
Chili-Schote darüber.

CURRY-ANANAS-DIP

ZUTATEN FÜR 4 PORTIONEN

4 Scheiben Ananas, aus der Dose,
   klein geschnitten

etwas Ananassaft aus der Dose

1 ½ EL frischer Ingwer,
   in grobe Scheiben geschnitten

1 ½ EL Rohrzucker

½ TL Curry

1 ½ EL Crème fraîche

Salz

ZUBEREITUNG

Die Ananas zusammen mit dem Ingwer
mit einer Gabel zerdrücken und dann mit
etwas Ananassaft und dem Zucker in einem Topf so lange köcheln lassen, bis
der Zucker zu karamellisieren beginnt.
Abkühlen lassen und dann mit allen anderen Zutaten vermischen. Mit Salz abschmecken. Vor dem Servieren etwas durchziehen
lassen. Wer es etwas schärfer mag, kann
etwas klein gehackte rote Chili-Schote
(ohne Kerne) darüber streuen.

HABANERO-SCHAUM

ZUTATEN FÜR 4 PORTIONEN

10 ml mildes Olivenöl

2 Eiweiß, fast steif geschlagen

2 TL Zitronensaft

1 Knoblauchzehe, zerdrückt

½ Habanero, sehr fein gehackt

2 EL Birnen-Dicksaft oder ähnliches

2 EL Ahorn-Sirup

2 EL Mayonnaise (siehe Rezept Seite 38)

2 EL Austernsauce

Salz

ZUBEREITUNG

In das aufgeschlagene Eiweiß nach und nach das Öl mit einem Quirl einrühren. Dann die weiteren Zutaten einrühren und mit Salz abschmecken.

FEIGEN-DIP

ZUTATEN FÜR 4 PORTIONEN

4 frische Feigen, in Scheiben geschnitten

1 ½ EL Butter

1 ½ TL Zucker

1 ½ TL Senfsaat

1 ½ EL Worcestershire-Sauce

Salz

ZUBEREITUNG

Die Feigen mit der Butter und etwas Wasser im Topf zergehen lassen und den Zucker zugeben. Die Masse beobachten: Wenn der Zucker am Rand zu karamellisieren beginnt, den Topf vom Kochfeld nehmen.
Die Senfsaat in die noch warme Masse einrühren und kalt werden lassen.
Mit Worcestershire-Sauce und Salz abschmecken.

FRUCHTIGE ERDNUSS-SAUCE

ZUTATEN FÜR 4 PORTIONEN

250 g Erdnussbutter

200 ml Kokosmilch

500 ml Ananassaft

1 Knoblauchzehe, sehr fein gehackt

1 TL Curry- oder Harissa-Paste

2 TL Mango-Chutney

etwas Speisestärke

ZUBEREITUNG

Den Ananassaft erhitzen, aber nicht kochen. Die Kokosmilch in den heißen Saft geben, verrühren, dann die Erdnussbutter in der Mischung auflösen. Anschließend das Mango-Chutney, den Knoblauch und die Würzpaste untermischen. Die Stärke in kaltem Wasser auflösen und die Masse damit andicken, bis die gewünschte Konsistenz erreicht ist. Nach Geschmack mit etwas zusätzlicher Würzpaste nachwürzen, je nachdem, welche Schärfe gewünscht wird.

SÜSSKARTOFFEL ROYALE

ZUTATEN 4 PORTIONEN

1 Becher Sauerrahm (200 g)

1 Frühlingszwiebel, in dünne Ringe
   geschnitten

8 Zweige glatte Petersilie, fein gehackt

2 TL Zitronensaft

1 Knoblauchzehe, zerdrückt

2 EL Mayonnaise (siehe Rezept Seite 38)

2 Prisen Zucker

½ TL Kurkuma

½ TL Pimentpulver

½ TL Kreuzkümmel

½ TL Koriandersamen,
   im Mörser zerkleinert

Salz

ZUBEREITUNG

Alle Zutaten miteinander vermischen und
mit Salz abschmecken. Vor dem Servieren
etwas durchziehen lassen.

SAUCE POUTINE

> Eigentlich sind Pommes Poutine
> ganz einfach Pommes frites mit
> einer Bratensauce und Käse

Da sich die Zutaten für dieses Quebecer
Nationalgericht in Zentraleuropa nicht
ganz leicht beschaffen lassen, aber ein
Pommes-Buch ohne dieses Kalorienmutter-
schiff schlicht seine Legitimation in Frage
stellt – und welche Pommes-Buch will sich
schon auf diesen unwegsamen Pfad bege-
ben? – folgt hier eine etwas ungewöhnliche
Rezeptur, die streng genommen eigentlich
gar keine richtige ist, sondern nur eine
Beschreibung dessen, was die Poutine
ausmacht und wie man sie hierzulande am
besten improvisieren kann.

Essentieller Bestandteil des Rezeptes ist
Gravy, eine braune (Braten)Sauce, die man
entweder aus Instant-Pulver anrühren
kann oder quasi „imitiert", indem man
eine sehr kräftige Brühe mit zuvor in
kaltem Wasser angerührter Speisestärke andickt. Als Topping benötigt man
Cheese Curds, also Käseraspeln in einer
Konsistenz irgendwo zwischen Quark und
Cheddar. Ein nicht zu vernachlässigendes
Merkmal dieses Käses ist seine Eigen-
schaft, beim Kauen zu quietschen.
Hat man sich neben den obligatorischen
Pommes frites (am besten nicht allzu
dünne Exemplare) Sauce und Käse be-
schafft, ist alles ganz einfach: Man schich-
tet zunächst die Sauce über die Pommes
und bedeckt das Ganze mit dem Käse, der
dann hoffentlich beim Schlemmen auch
die passenden Geräusche von sich gibt ...

Meersalz mit Hanf

ZUTATEN FÜR CIRCA 4 PORTIONEN POMMES

3 EL geschälte Hanfnüsse
(gibt's im Bioladen)
1 TL Meersalz
½ TL Curry

ZUBEREITUNG

Die Hanfnüsse ohne Fett in der Pfanne rösten. Dann zusammen mit dem Salz im Mörser gründlich mörsern, das Currypulver zugeben und gleichmäßig verrühren.

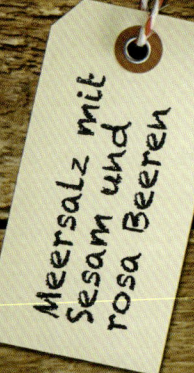

Meersalz mit Sesam und rosa Beeren

ZUTATEN FÜR CIRCA 4 PORTIONEN POMMES

3 EL ungeschälter Sesam
1 TL Meersalz
1 TL rosa Beeren

ZUBEREITUNG

Den Sesam ohne Fett in der Pfanne rösten. Dann zusammen mit dem Salz und den rosa Beeren im Mörser gründlich mörsern.

Meersalz mit schwarzem Sesam

ZUTATEN FÜR CIRCA 4 PORTIONEN POMMES

3 EL schwarze Sesamsaat
1 TL Meersalz

ZUBEREITUNG

Den Sesam ohne Fett in der Pfanne rösten. Dann zusammen mit dem Salz im Mörser gründlich mörsern.

SALZE

Pommes-frites-Salz

FÜR DEN VORRAT

ZUTATEN

5 EL Meersalz
1 TL Rauchsalz
2 TL Paprika edelsüß
½ TL schwarzer Pfeffer
½ TL Ingwerpulver
1 TL Knoblauchgranulat

ZUBEREITUNG

Alle Zutaten gründlich
miteinander vermischen.

ZUTATEN

50 g Meersalz
1 Zweig Rosmarin, abgezupft

ZUBEREITUNG

Die Rosmarinnadeln grob hacken
und im Mörser zerstoßen. Das Salz
nach und nach zugeben und ebenfalls mörsern. Den Backofen
auf 35–40 °C vorheizen, das Salz
auf einem Backblech verteilen
und im Ofen für cirça eine
Stunde trocknen. Dabei ab
und zu mit dem Kochlöffel
umrühren. Danach durch ein
nicht zu feines Sieb rieseln
lassen. Dabei werden die
größeren Rosmarinnadeln
abgesiebt.

Rosmarin-Salz

FÜR DEN VORRAT

ÜBERBACKENE POMMES

ZUTATEN FÜR 2 PORTIONEN

500 g Pommes frites

1 mittelgroße Zwiebel

1 Knoblauchzehe

1 Scheibe Schweinebauch oder Speck, hell geräuchert

2 mittelgroße Tomaten

250 g Käse (z. B. Emmentaler, Gouda)

etwas Salz und schwarzer Pfeffer aus der Mühle

evtl. Chili

evtl. Champignons

ZUBEREITUNG

Den in kleine Würfel geschnittenen Schweinebauch in einer beschichteten Pfanne auslassen. Die in feine Scheiben geschnittene Zwiebel und den fein gehackten Knoblauch hinzugeben und glasig dünsten. Die Champignons ggf. mit einem Bürstchen säubern, in dünne Scheiben schneiden und ebenfalls dünsten. Sollte der Schweinebauch zu viel Fett ausgelassen haben, einen Teil abgießen.

Die Tomaten leicht einritzen, kurz in kochendem Wasser blanchieren und enthäuten. Die Tomaten kurz abkühlen lassen, dann in kleine Würfel schneiden und die Kerne entfernen. Anschließend ebenfalls in die Pfanne geben und auf mittlerer Flamme erhitzen. Das Ganze pfeffern und nur leicht salzen. Die Masse durchziehen und abkühlen lassen.

Die Pommes frites in die gewünschte Form schneiden, waschen, abtrocknen und auf einem Backblech ca. 15 Minuten bei 200 °C goldgelb backen, dabei einmal wenden. Auf den Pommes frites die vorbereitete Speckmischung verteilen, den Käse darüber reiben und bei 180–200 °C weitere 10–15 Minuten backen.

REZEPTE

ÜBERBACKENER GYROS-POMMES-AUFLAUF

ZUTATEN FÜR 4 PORTIONEN

1 kg Gyros-Geschnetzeltes

1 kg Pommes frites

2 mittelgroße Zwiebeln

400 ml Sahne

½ Bund Küchenkräuter (Thymian, Rosmarin, Basilikum etc.)

12 Scheiben Käse (Butterkäse)

4 EL Öl, zum Anbraten

ZUBEREITUNG

Die Zwiebeln klein würfeln und zusammen mit dem Gyros in etwas Öl scharf anbraten. Die Küchenkräuter fein hacken, mit der Sahne vermischt zum Gyros geben und kurz aufkochen lassen. Die Mischung gleichmäßig in einer Auflaufform verteilen.

Die Pommes frites in die gewünschte Form bringen, waschen, abtrocknen und mit etwas Öl beträufelt etwa 20 Minuten bei 200 °C vorgaren. Die Pommes frites über das Gyros geben und mit der Hälfte des in kleine Stücke gerissenen Butterkäses bestreuen. Den Auflauf bei 200 °C in den Backofen geben. Sobald der Käse geschmolzen ist, den restlichen Käse über den Auflauf streuen und das Ganze für weitere 15–20 Minuten backen.

FLADENBROT
MIT POMMES

ZUTATEN FÜR 4 PORTIONEN

1 Fladenbrot

500 g Pommes frites

½ Gurke

200 g Zaziki

200 g Feta-Käse

50 g Feldsalat

Paprikapulver

Salz

ZUBEREITUNG

Die Pommes frites in die gewünschte Form bringen, waschen, abtrocknen und frittieren. Anschließend nach Belieben mit Salz und Paprikapulver würzen.

Den Feldsalat waschen und trocknen. Die Gurke in dünne Scheiben schneiden, den Feta-Käse würfeln.

Das Fladenbrot ca. 2–3 Minuten bei 120 °C im Backofen aufbacken. Anschließend vierteln und von der Spitze her in Taschen aufschneiden. Das Brot mit dem Zaziki bestreichen und mit den Gurken belegen. Anschließend den Feldsalat und die Pommes frites in die Taschen geben und mit dem Feta-Käse bestreuen.

ZUTATEN FÜR 2 PORTIONEN

500 g Rinderhackfleisch
1 Dose Tomaten, passiert
2 Stangen Staudensellerie
1 mittelgroße Zwiebel
2 Knoblauchzehen
1 kleine Dose Mais
1 kleine Dose Kidneybohnen
50 g Käse (z. B. Emmentaler)
2 EL Crème fraîche
Tabasco-Sauce
½ TL Oregano, gehackt
etwas Rosmarin, gehackt
Salz
Pfeffer

ZUBEREITUNG

Die Zwiebel und den Knoblauch fein hacken, den Staudensellerie waschen und in dünne Scheiben schneiden.

Das Hackfleisch in einer großen Pfanne anbraten, bis es eine schöne Bräunung annimmt. Den Sellerie, die Zwiebel und den Knoblauch zufügen und bei mittlerer Hitze glasig dünsten. Die gehackten Kräuter zugeben und mit den passierten Tomaten ablöschen.

Die Kidneybohnen in einem Sieb abspülen und zusammen mit dem Mais in das Chili geben. Das Ganze einige Minuten köcheln lassen, dann die Crème fraîche einrühren und mit etwas Tabasco-Sauce, Pfeffer und Salz abschmecken.

Die Pommes frites in die gewünschte Form bringen, waschen, abtrocknen und frittieren. Anschließend nach Belieben mit Salz und Paprikapulver würzen.

Das Chili con carne in Schüsseln über die Pommes frites geben und mit etwas frisch geriebenem Käse bestreuen.

POMMES CON CHILI

POMMES-BURGER

ZUBEREITUNG FÜR 2 PORTIONEN

2 Sesam-Burgerbrötchen

250 g Pommes frites

4 Käsescheiben (z. B. Cheddar)

Hot-Dog-Sauce

Röstzwiebeln

ZUBEREITUNG

Die Pommes frites in die gewünschte Form bringen, waschen, abtrocknen und frittieren. Anschließend nach Belieben mit Salz und Paprikapulver würzen.

Die Burger-Brötchen aufschneiden. Beide Hälften jeweils mit einer Scheibe Käse belegen und für einige Minuten bei ca. 120 °C in den Backofen geben, bis der Käse verläuft.

Die Burger-Brötchen mit reichlich Hot-Dog-Sauce bestreichen, mit den Pommes frites belegen, mit den Röstzwiebeln bestreuen und sofort servieren.

HOT-DOG-SAUCE

ZUBEREITUNG

2 große Zwiebeln

125 ml Ketchup

2 TL Weißweinessig

2 EL brauner Zucker

1 Prise Salz

etwas Pfeffer

etwas Cayennepfeffer oder Chilipulver

ZUBEREITUNG

In einem Topf die in Ringe geschnittenen Zwiebeln, das Ketchup, den Essig und die Gewürze mindestens 15 Minuten zugedeckt simmern lassen, bis die Zwiebeln ganz weich sind.

SESAM
ÖFFNE DICH ...

ZUTATEN FÜR 2 PORTIONEN

500 g Kartoffeln, mehligkochend

150 g Sesamsaat

1 Ei

etwas Mehl

ZUBEREITUNG

Die Kartoffeln schälen, waschen und in zunächst fingerdicke Scheiben, dann in Stifte schneiden.

Die Kartoffelstifte in Mehl wälzen, sodass sie von allen Seiten gleichmäßig bedeckt sind. Das Ei in einem Teller verquirlen und die bemehlten Kartoffelstifte damit überziehen. Die Kartoffelstifte anschließend in der Sesamsaat wälzen.

Die panierten Pommes frites auf ein Backblech geben und ca. 15–20 Minuten bei ca. 200 °C goldgelb backen.

STROH- KARTOFFELN

ZUTATEN FÜR 4 PORTIONEN

4 große Kartoffeln

Paprika, edelsüß

Salz

Pfeffer

ZUBEREITUNG

Die Kartoffeln schälen, waschen, in sehr feine Streifen oder Juliennes schneiden und mit einem Tuch trocken tupfen.

Die Kartoffelstreifen portionsweise jeweils 4 Minuten bei ca. 175 °C frittieren. Das „Stroh" mit einem Schaumlöffel herausheben und auf Küchenpapier gut abtropfen lassen. Mit Salz, Pfeffer und Paprikapulver würzen und noch heiß servieren.

STROH KARTO FFELN

BELGISCHE POMMES FRITES
MIT THYMIAN UND PARMESAN

ZUTATEN FÜR 2 PORTIONEN

500 g Kartoffeln, mehligkochend

3 EL Olivenöl

1 TL Thymian

2 EL Parmesan

Salz

Pfeffer

ZUBEREITUNG

Die Pommes frites in die gewünschte Form bringen, waschen, abtrocknen und in eine Schüssel geben. Das Olivenöl, den frisch gehackten Thymian und den frisch geriebenen Parmesan zufügen und gründlich mischen, bis die Kartoffelstäbchen von allen Seiten gleichmäßig bedeckt sind.

Den Backofen auf 180 °C vorheizen. Die Pommes frites gleichmäßig auf ein mit Backpapier belegtes Backblech auslegen, salzen, pfeffern und 20 Minuten backen. Die Pommes frites vorsichtig mit einem Pfannenwender vom Backpapier lösen, auf Tellern verteilen und noch heiß servieren.

GEMÜSE

Bei aller Liebe zu Pommes frites – selbstverständlich lassen sich nicht nur Kartoffeln hervorragend frittieren. Besonders geeignet sind stärkereiche oder feste Gemüsesorten, wie Karotten, Süßkartoffeln oder Pastinaken, aber auch Auberginen und Zucchini. Selbst Fisch, Fleisch, Käse oder sogar Gebäck schmecken frittiert ausgesprochen köstlich. Zu weiche Sorten und Frittiergut mit sehr wenig Kohlenhydraten sollten dabei durch eine Panade oder einen Mantel aus Ausbackteig vor dem Austrocknen oder ihrer Auflösung geschützt werden.

SÜSSKARTOFFEL-POMMES

ZUTATEN FÜR 4 PORTIONEN

6 Süßkartoffeln

Salz

Olivenöl

ZUBEREITUNG

Die Süßkartoffeln schälen und in fingerdicke Schei-ben schneiden, diese wiederum in etwa fingerdicke Stifte teilen. Die Süßkartoffel-Pommes zusammen mit etwas Olivenöl in eine Schüssel geben und gut vermischen.

Die Pommes-Stäbchen auf ein mit Backpapier be-legtes Backblech legen und bei 200–210 °C (Umluft, Ober-/Unterhitze ca. 220 °C) ca. 20 Minuten backen. Dabei immer mal wieder kontrollieren, dass die Stäbchen nicht verbrennen.

Die fertig gebackenen Süßkartoffel-Stäbchen mit etwas grobkörnigem Salz bestreuen und z. B. mit dem Dip Süßkartoffel royale (Rezept siehe Seite 55) noch heiß servieren.

ZUCCHINI-
POMMES

ZUTATEN FÜR 4 PORTIONEN

2 große Zucchini

2 kleine Knoblauchzehen

1 EL Oregano, frisch gehackt

4 EL Olivenöl

1 TL Salz

ZUBEREITUNG

Die Zucchini gründlich waschen, quer halbieren und erst in Scheiben, dann in fingerdicke Streifen schneiden. Die Knoblauchzehe zerdrücken und zusammen mit den Zucchini-Stäbchen, dem Olivenöl, dem frisch gehackten Oregano und dem Salz in eine Schüssel geben und gut vermischen.

Den Backofen auf 160 °C (Umluft ca. 140 °C) vorheizen. Die Zucchini-Streifen auf ein mit Backpapier belegtes Backblech geben und etwa 15 Minuten backen.

SELLERIE-
POMMES

ZUTATEN FÜR 2 PORTIONEN

500 g Knollensellerie

5 EL Mehl

75 g Semmelbrösel

2 Eier

250 ml Öl

Pfeffer

Salz

ZUBEREITUNG

Den Sellerie putzen, schälen und in fingerdicke Scheiben schneiden, diese wiederum in fingerdicke Stifte. Die Sellerie-Pommes in kochendem Salzwasser etwa 2 Minuten blanchieren, mit einem Schaumlöffel herausheben, mit kaltem Wasser abschrecken und gut abtropfen lassen.

Das Mehl, die verquirlten Eier und die Semmelbrösel auf jeweils einen tiefen Teller verteilen. Die Sellerie-Stifte mit einem Küchentuch noch einmal gründlich abtupfen.

Die Sellerie-Pommes portionsweise zunächst im Mehl, dann im Ei und dann in den Semmelbröscln wenden, sodass sie von allen Seiten gleichmäßig paniert werden.

Die panierten Sellerie-Pommes in ca. 175 °C heißem Öl etwa 3 Minuten goldgelb frittieren. Kurz auf Küchenkrepp abtropfen lassen und noch heiß z. B. zusammen mit Zoes Cajun-Sauce (Rezept siehe Seite 53) servieren.

SÜSSE POMMES

ZUTATEN FÜR 6 PORTIONEN

10 Scheiben Toastbrot

250 g Erdbeeren

5 reife Aprikosen

400 g Sahnequark

2 EL flüssiger Honig

2–3 EL Zucker

1 Prise Zimt

ZUBEREITUNG

Das Toastbrot auf zwei gegenüberliegenden Seiten entrinden. Die Scheiben anschließend so in je fünf gleichmäßige Streifen schneiden, dass am oberen und unteren Rand Brotrinde erhalten bleibt. Die Streifen auf einem mit Backpapier belegten Backblech verteilen. Den Zimt mit dem Zucker vermischen und auf den ausgelegten Brotstreifen verteilen.

Den Backofen auf 200 °C vorheizen (Umluft 180 °C) und die Toastbrot-Streifen auf der zweiten Schiene von unten etwa 15–18 Minuten goldbraun backen, bis der Zucker karamellisiert ist.

Den Sahnequark mit dem Honig verrühren. Die Erdbeeren waschen und putzen und die Aprikosen waschen und entsteinen. Das Obst in kleine Würfel schneiden und unter den Honigquark heben.

Die Toast-Pommes aus dem Backofen nehmen, abkühlen lassen und zusammen mit dem Früchtequark servieren.

FASTNACHTS-POMMES MIT DÖRROBST

ZUTATEN FÜR 4 PORTIONEN

500 g Mehl	1 Prise Salz
100 g Zucker	Zucker
125 g Butter	Zimt
2 Eier	500 ml Frittieröl
etwas Milch	375 g gemischtes Obst
1 Päckchen Backpulver	1 Zimtstange
etwas Zitronenschale	50 g Zucker

ZUBEREITUNG

Die zimmerwarme Butter mit dem Zucker, den Eiern und der Zitronenschale einige Minuten mit einem Handrührgerät schaumig rühren. Nach und nach das Mehl und das Backpulver einrühren. Dabei soviel Milch zugeben, dass ein glatter Teig entsteht.

Den Teig auf einer Arbeitsplatte von Hand zu einem geschmeidigen Teig kneten. Anschließend ca. ½ cm dick ausrollen. Mit einem Messer oder einem Teigrädchen in Pommesform bringen.

Die Fastnachts-Pommes in kleinen Portionen im heißen Fett schwimmend ausbacken. Mit einem Schaumlöffel herausheben und in Zucker und Zimt wenden.

Für das Dörrobst am Vorabend das Obst waschen, evtl. schälen, in kleine Stücke schneiden und in ½ Liter Wasser einweichen. Am nächsten Tag die Zimtstange, etwas Zitronenschale und den Zucker hinzufügen und bei mittlerer Temperatur langsam weich kochen.